Diversión y juegos

Figuras en alimentos

Figuras bidimensionales

John Leach

Asesora

Colene Van Brunt
Educadora de matemáticas
Escuelas Públicas del Condado de Hillsborough

Créditos de publicación

Rachelle Cracchiolo, M.S.Ed., *Editora comercial*
Conni Medina, M.A.Ed., *Redactora jefa*
Dona Herweck Rice, *Realizadora de la serie*
Emily R. Smith, M.A.Ed., *Realizadora de la serie*
Diana Kenney, M.A.Ed., NBCT, *Directora de contenido*
June Kikuchi, *Directora de contenido*
Caroline Gasca, M.S.Ed., *Editora superior*
Susan Daddis, M.A.Ed., *Editora*
Karen Malaska, M.Ed., *Editora*
Sam Morales, M.A., *Editor asociado*
Kevin Panter, *Diseñador gráfico superior*
Jill Malcolm, *Diseñadora gráfica básica*

Créditos de imágenes: todas las imágenes provienen de iStock y/o Shutterstock.

Library of Congress Cataloging-in-Publication Data

Names: Leach, John, 1990- author.
Title: Figuras en alimentos : figuras bidimensionales / John Leach.
Other titles: Food shapes. Spanish
Description: Huntington Beach, CA : Teacher Created Materials, 2019. | Series: Diversi?on y juegos | Includes index. | Audience: K to grade 3. | Identifiers: LCCN 2018055931 (print) | LCCN 2019009626 (ebook) | ISBN 9781425823160 (eBook) | ISBN 9781425828547 | ISBN 9781425828547¬q(pbk.)
Subjects: LCSH: Shapes--Juvenile literature. | Food--Juvenile literature.
Classification: LCC QA445.5 (ebook) | LCC QA445.5 .L427518 2019 (print) | DDC 516/.15--dc23
LC record available at https://lccn.loc.gov/2018055931

Teacher Created Materials
5301 Oceanus Drive
Huntington Beach, CA 92649-1030
www.tcmpub.com

ISBN 978-1-4258-2854-7

Printed in Malaysia
Thumbprints.23398

Contenido

Figuras que puedes comer

Puedes ver muchas figuras a tu alrededor. Están en el aula y en tu casa. Están adentro y afuera. ¡Incluso están en los alimentos que comes!

Comienza el día con figuras

Puedes ver figuras en el desayuno. ¿Qué figura ves?

Un **círculo** es redondo y plano. Un panqueque tiene forma de círculo. Una rebanada de naranja también tiene forma de círculo.

¿Ves **rectángulos** en el desayuno? Un rectángulo tiene cuatro **ángulos** iguales y cuatro **lados**.

Observa un pan. Observa una galleta.

Más para comer

Puedes ver un **cuadrado** en tu comida. Un cuadrado tiene cuatro lados iguales y cuatro ángulos iguales.

Un sándwich puede tener forma de cuadrado.

¡HAGAMOS MATEMÁTICAS!

¡Los bocadillos también tienen formas! Observa estos bocadillos.

A. 

B. 

C. 

D. 

1. ¿Qué bocadillo es un ejemplo de un cuadrado?

2. ¿Qué bocadillo es un ejemplo de un rectángulo?

3. Dibuja una figura cerrada con cuatro lados que no sea un rectángulo ni un cuadrado.

Un triángulo tiene tres lados. Los lados forman tres ángulos.

Una porción de pizza tiene forma de triángulo. ¡Una rebanada de sandía también puede tener esta forma!

¡HAGAMOS MATEMÁTICAS!

Yesi hace esta nueva figura con 4 porciones de jamón.

1. ¿Qué figura es cada porción de jamón? ¿Cómo lo sabes?

2. ¿Qué nueva figura hace Yesi con 4 porciones de jamón? ¿Cómo lo sabes?

¿Y el postre? Observa una tarta. Una tarta entera tiene forma de círculo. Una porción de tarta tiene forma de triángulo.

Las galletas pueden tener muchas formas. Usa un cortapastas para la masa. Haz un cuadrado. Haz un **trapecio**. Luego, decóralos. ¡Todos saben muy bien!

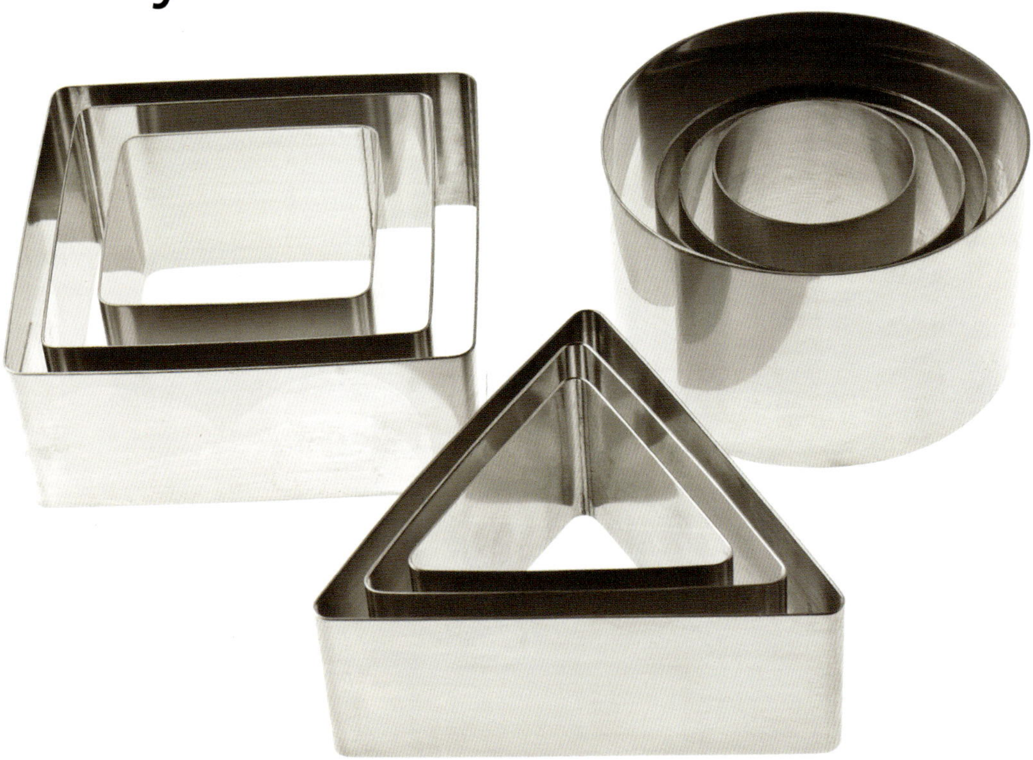

Un mundo de figuras

La comida tiene muchas formas. Come un círculo en el desayuno. Come un cuadrado en el almuerzo. ¡Las figuras nunca supieron tan bien!

¡HAGAMOS MATEMÁTICAS!

Nina tiene un trozo de pan plano que tiene forma de rectángulo. Quiere compartirlo con su amigo. Corta el pan en dos figuras más pequeñas.

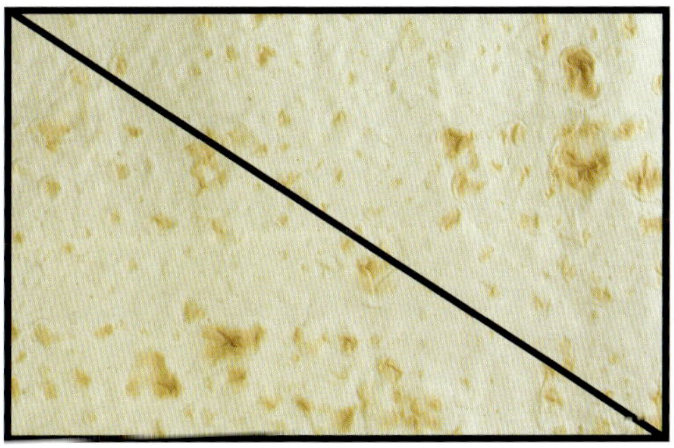

1. ¿Qué figuras más pequeñas hace Nina?

2. Dibuja una manera diferente en que Nina puede cortar el pan en figuras más pequeñas.

Resolución de problemas

Cho toma el almuerzo en la escuela. Usa su bandeja de comida para resolver los problemas.

1. ¿Qué figura es cada tipo de alimento?
2. Cho reacomoda su sándwich para hacer un triángulo más grande. Haz un dibujo para mostrar cómo lo hizo.
3. Dibuja dos maneras diferentes en que Cho puede cortar su *brownie* en figuras más pequeñas.

A.
B.
C.
D.
E.

Glosario

ángulos: esquinas que se forman cuando dos líneas o lados se encuentran

círculo: una figura redonda y cerrada

cuadrado: una figura cerrada con cuatro lados iguales y cuatro ángulos iguales

lados: partes de líneas que forman figuras

rectángulos: figuras cerradas de cuatro lados con lados opuestos iguales

trapecio: una figura cerrada de cuatro lados con un par de lados paralelos

Índice

Soluciones

¡Hagamos matemáticas!

página 11:

1. A
2. D
3. Los dibujos variarán. Ejemplo:

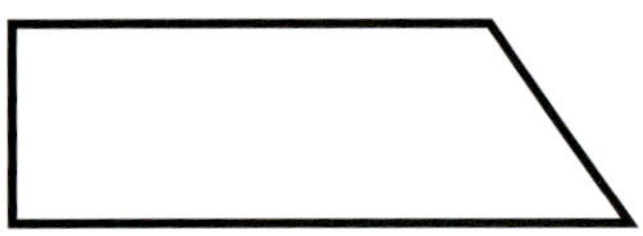

página 13:

1. triángulo; 3 lados y ángulos
2. cuadrado; 4 lados y ángulos iguales

página 19:

1. triángulos
2. Los dibujos variarán. Ejemplo:

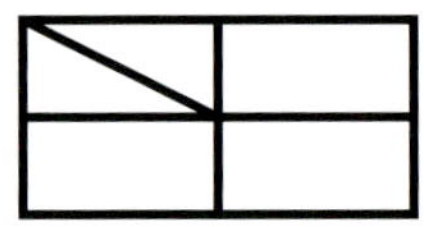

Resolución de problemas

1. **A:** círculo;
   B: cuadrado;
   C: rectángulos;
   D: cuadrado (2 triángulos)
   E: triángulos
2. 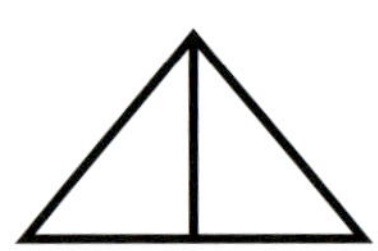
3. Los dibujos variarán. Ejemplo:

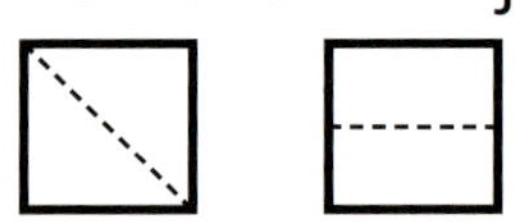